AF371054

LETTRES PATENTES
DU ROI,

*Sur le Décret de l'Assemblée Nationale, du 3
de ce mois, concernant les Droits féodaux
rachetables.*

Données à Paris, le 9 Mai 1790.

Louis, par la grâce de Dieu, & par la Loi constitutionnelle de l'État, Roi des François : A tous présens & à venir ; Salut. L'Assemblée Nationale a décrété, le 3 de ce mois, & Nous voulons & ordonnons ce qui suit :

*Des principes, du mode & du taux du rachat des Droits
seigneuriaux, déclarés rachetables par les articles
I.er & II du Titre III du Décret du 15 mars.*

ARTICLE PREMIER.

Tout propriétaire pourra racheter les droits féodaux & censuels dont son fonds est grevé, encore que les autres

A

propriétaires de la même seigneurie ou du même canton, ne voulussent pas profiter du bénéfice du rachat ; sauf ce qui sera dit ci-après, à l'égard des fonds chargés de cens ou redevances solidaires.

I I.

TOUT propriétaire pourra racheter lesdits droits à raison d'un fief ou d'un fonds particulier, encore qu'il se trouve posséder plusieurs fiefs ou plusieurs fonds censuels, mouvans de la même seigneurie, pourvu néanmoins que ces fonds ne soient pas tenus sous des cens & redevances solidaires, auquel cas le rachat ne pourra être divisé.

I I I.

AUCUN propriétaire de fiefs ou fonds censuels, ne pourra racheter divisément les charges & redevances annuelles dont le fief ou le fonds est grevé, sans racheter en même temps les droits casuels & éventuels.

I V.

LORSQU'UN fonds tenu en fief ou en censive, & grevé de redevances annuelles solidaires, sera possédé par plusieurs co-propriétaires, l'un d'eux ne pourra point racheter divisément lesdites redevances au prorata de la portion dont il est tenu, si ce n'est du consentement de celui auquel la redevance est dûe, lequel pourra refuser le remboursement total, en renonçant à la solidarité vis-à-vis de tous les co-obligés ; mais quand le redevable aura fait le remboursement total, il demeurera subrogé aux droits du créancier, pour les exercer contre les co-débiteurs, à la charge de

ne les exercer que comme pour une simple rente foncière
& sans aucune solidarité ; & chacun des autres co-débiteurs
pourra racheter à volonté sa portion divisément.

V.

POURRA néanmoins le co-propriétaire d'un fonds grevé
de redevances solidaires, en rachetant, ainsi qu'il vient d'être
dit, la redevance entière, ne racheter les droits casuels
que sur sa portion, sauf au propriétaire du fief à continuer
de percevoir les mêmes droits casuels sur les autres portions
du fonds & sur chacune d'elles divisément, lorsqu'il y aura
lieu, jusqu'à ce que le rachat en ait été fait.

V I.

POURRONT les propriétaires de fiefs ou de fonds censuels, traiter avec les propriétaires de fief dont ils sont mouvans, de gré à gré, à telle somme & sous telles conditions
qu'ils jugeront à propos, du rachat, tant des redevances
annuelles, que des droits casuels ; & les traités ainsi faits de
gré à gré entre majeurs, ne pourront être attaqués sous
prétexte de lésion quelconque, encore que le prix du rachat
se trouve inférieur ou supérieur à celui qui auroit pu résulter
du mode & du prix qui sera ci-après fixé.

V I I.

LES tuteurs, curateurs & autres administrateurs des pupilles
mineurs ou interdits, les grevés de substitution, les maris
dans les pays où les dots sont inaliénables, même avec
le consentement des femmes, ne pourront liquider les rachats
des droits dépendans de fiefs appartenans aux pupilles, aux

mineurs, aux interdits, à des fubftitutions & auxdites femmes mariées, qu'en la forme & au taux ci-après prefcrits, & à la charge du remploi. Il en fera de même à l'égard des propriétaires des fiefs, lefquels, par les titres, font affujettis au droit de réverfion en cas d'extinction de la ligne mafculine, ou dans d'autres cas. Le redevable qui ne voudra point demeurer garant du remploi, pourra configner le prix du rachat, lequel ne fera délivré aux perfonnes qui font affujetties au remploi, qu'en vertu d'une ordonnance du Juge, rendue fur les conclufions du Miniftère public, auquel il fera juftifié du remploi.

V I I I.

Lorsque le rachat aura pour objet des droits dépendans d'un fief appartenant à une communauté d'habitans, les Officiers municipaux ne pourront le liquider & en recevoir le prix, que fous l'autorité & avec l'avis des Affemblées adminiftratives de département, ou de leur directoire, lefquels feront tenus de veiller au remploi du prix.

I X.

Si le rachat concerne les droits dépendans de fiefs appartenans à des gens de main-morte, & dont l'adminiftration feroit confiée à une Municipalité, le rachat fera liquidé par les Officiers de la Municipalité dans le reffort defquels fe trouvera fitué le chef-lieu du fief. Les Officiers municipaux ne pourront procéder à cette liquidation qu'avec l'autorifation des Affemblées adminiftratives du département ou de leur directoire, & feront tenus d'en dépofer le prix entre les mains du Tréforier du département, fous la réferve de ftatuer ultérieurement fur l'emploi du prix defdits rachats.

5

X.

A l'égard des biens ci-devant poſſédés par les Eccléſiaſtiques, & dont l'adminiſtration a été déféréeaux Aſſemblées adminiſtratives, leſdites Aſſemblées liquideront le rachat des droits dépendans deſdits biens, & en feront dépoſer le prix entre les mains de leur Tréſorier, ſous la réſerve de ſtatuer ultérieurement ſur l'emploi du prix deſdits rachats.

X I.

Il eſt réſervé pareillement de ſtatuer ſur l'emploi du prix des rachats des droits dépendans des fiefs appartenans à la Nation, ſous les titres de domaines de la Couronne, apanages, engagemens ou échanges non encore conſommés, ainſi que ſur les perſonnes avec leſquelles leſdits rachats pourront être liquidés, & auxquelles le payement en devra être fait.

X I I.

Lorsque les Parties auxquelles il eſt libre de traiter de gré à gré, ne pourront point s'accorder ſur le prix du rachat des droits ſeigneuriaux, ſoit fixes ou caſuels, le rachat ſera fait ſuivant les règles & les taux ci-après.

X I I I.

Pour liquider le rachat des droits fixes, (tels que les cens & redevances annuelles en argent, grains, denrées ou fruits de récolte) il ſera formé d'abord une évaluation du produit annuel total des charges dont le fonds eſt grevé, & ce produit annuel ſera racheté au taux ci-après indiqué. Quant à l'évaluation du produit annuel, elle ſera faite pour chaque eſpèce de redevances, ainſi qu'il ſuit.

X I V.

A l'égard des redevances en grains, il fera formé une année commune de leur valeur d'après le prix des grains de même nature, relevé fur les regiftres du marché du lieu ou du marché plus prochain, s'il n'y en a pas dans le lieu. Pour former l'année commune, on prendra les quatorze années antérieures à l'époque du rachat, on retranchera les deux plus fortes & les deux plus foibles, & l'année commune fera formée fur les dix années reftantes.

X V.

Il en fera de même pour les redevances en volailles, agneaux, cochons, beurre, fromage, cire & autres denrées, dans les lieux où leur prix eft porté dans les regiftres des marchés : à l'égard des lieux où il n'eft point d'ufage de tenir regiftre du prix des ventes de ces fortes de denrées, les directoires des diftricts en formeront inceffamment un tableau eftimatif fur le prix commun auquel ont coutume d'être évaluées ces fortes de denrées pour le payement des redevances foncières. Ce tableau eftimatif fervira, pendant l'efpace de dix années, de taux pour l'eftimation du produit annuel des redevances dûes en cette nature dans le reffort de chaque diftrict : le tout fans déroger aux évaluations portées par les titres, coutumes ou réglemens.

X V I.

Chaque directoire de diftrict formera pareillement un tableau eftimatif du prix ordinaire des journées d'hommes, de chevaux, bêtes de travail & de fomme, & des voitures :

ce tableau eſtimatif ſera formé ſur le taux auquel leſdites journées ont accoutumé d'être eſtimées pour les corvées , & ſervira pendant l'eſpace de dix années de taux pour l'eſtimation du produit annuel des corvées réelles : le tout ſans déroger aux évaluations portées par les titres , les coutumes ou les réglemens.

X V I I.

QUANT aux redevances qui conſiſtent en une certaine portion de fruits récoltés ſur les fonds, (tels que champarts, terrages, agriers , taſques, dixmes ſeigneuriales & autres de même nature) il ſera procédé par des Experts , que les parties nommeront , ou qui ſeront nommés d'office par le juge , à une évaluation de ce que le fonds peut produire en nature dans une année commune. La quotité annuelle du droit à percevoir, ſera enſuite fixée dans la proportion du produit de l'année commune du fonds, & ce produit du droit annuel ſera évalué en la forme preſcrite par l'article XIV ci-deſſus pour l'évaluation des redevances en grains.

X V I I I.

QUANT à celles des banalités que l'article XXIV du décret du 15 mars, par Nous accepté, a déclarées exceptées de la ſuppreſſion ſans indemnité, lorſque les communautés d'habitans voudront s'en libérer, il ſera fait par des Experts, choiſis par les parties, ou nommés d'office par le juge, une eſtimation de la diminution que le four, moulin, preſſoir ou autre uſine pourra éprouver dans ſon produit annuel par l'effet de la ſuppreſſion du droit de banalité & de la liberté rendue aux habitans. N'entendant point au ſurplus déroger aux loix antérieures qui, dans quelques provinces, ont autorifé les communautés d'habitans à racheter fous des conditions particulières les banalités auxquelles elles étoient affujetties.

X I X.

Dans tous les cas où l'évaluation du produit annuel d'une redevance pourra donner lieu à une eftimation d'Experts, fi le rachat a lieu entre des parties qui ayent la liberté de traiter de gré à gré, le redevable pourra faire au propriétaire des droits, par acte extrajudiciaire, une offre réelle d'une fomme déterminée. En cas de refus d'accepter l'offre, les frais de l'expertife qui deviendra néceffaire, feront fupportés par celui qui aura fait l'offre, ou par le refufant, felon que l'offre fera jugée fuffifante ou infuffifante.

X X.

Si l'offre mentionnée en l'article ci-deffus eft faite à un tuteur, à un grevé de fubftitution, ou à d'autres adminiftrateurs quelconques, qui n'ont point la liberté de traiter de gré à gré, ces adminiftrateurs pourront employer en frais d'adminiftration ceux de l'expertife, lorfqu'ils auront été jugés devoir refter à leur charge.

X X I.

Le rachat de la fomme à laquelle aura été liquidé le produit annuel des droits de redevances fixes & annuelles, fe fera, favoir, pour les redevances en argent & corvées, & pour le produit des banalités, au denier Vingt ; &

quant

quant aux redevances en grains , volailles , denrées & fruits de récoltes, au denier Vingt-cinq.

X X I I.

TOUT redevable qui voudra racheter les droits feigneuriaux dont .fon fonds eft grevé , fera tenu de rembourfer avec le capital du rachat, tous les arrérages des rentes fixes & annuelles qui fe trouveront dûs , tant pour les années antérieures, que pour l'année courante , au prorata du temps qui fera écoulé depuis la dernière échéance jufqu'au jour du rachat.

X X I I I.

A L'AVENIR les corvées réelles , les agriers, champarts & autres redevances énoncées en l'article XVII, ne s'arrérageront point, même dans les pays où le principe contraire avoit lieu, fi ce n'eft qu'il y ait eu demande fuivie de condamnation. Les corvées ne pourront pas non plus être exigées en argent , mais en nature feulement , fi ce n'eft qu'il y ait eu demande fuivie de condamnation. En conféquence, il ne fera tenu compte, lors du rachat des corvées, agriers , champarts & autres redevances énoncées en l'article XVII, que de l'année courante , laquelle fera évaluée en argent, au prorata du temps qui fera écoulé depuis la dernière échéance jufqu'au jour du rachat.

X X I V.

QUANT au rachat des droits cafuels , c'eft-à-dire, de ceux qui ne font dûs que dans le cas de mutation, foit de la part du propriétaire du fonds ci-devant roturier , foit de la part des fonds ci-devant appelés fiefs , il sera fait d'après les règles & les distinctions ci-après.

X X V.

DANS les pays & les lieux où les fonds sont soumis à un droit particulier pour les mutations par vente, ou autres actes équipollens à vente , il sera payé pour le rachat de ce droit particulier, savoir :

1.° Pour les fonds sur lesquels le droit de vente est de la moitié du prix ou au-dessus, Cinq seizièmes dudit droit.

2.° Pour les fonds sur lesquels le droit est du tiers , Cinq quinzièmes, ou le tiers du droit.

3.° Pour les fonds sur lesquels le droit est du quint & requint, ou du quart , Cinq quatorzièmes dudit droit.

4.° Pour les fonds sur lesquels le droit est du quint, Cinq treizièmes dudit droit.

5.° Pour les fonds sur lesquels le droit est du sixième, Cinq douzièmes dudit droit.

6.° Pour les fonds sur lesquels le droit est du huitième, Cinq onzièmes.

7.° Pour les fonds sur lesquels le droit n'est que du douzième, ou à une quotité inférieure, quelle qu'elle soit, la moitié du droit.

X X V I.

DANS les pays & les lieux où le droit dû pour les mutations par vente, ne se trouveroit pas être dans aucune des proportions ci-dessus indiquées, & dont la quotité se trouveroit être à un terme moyen entre deux des sept classes ci-deffus, le rachat dudit droit fe fera fur le pied de celle de ces deux claffes dont le taux eft le moins fort.

X X V I I.

DANS les pays & les lieux où les fonds font foumis, outre le droit dû pour les mutations par vente, à un droit particulier & différent pour les mutations d'un autre genre, le rachat de cette feconde efpèce de droit fe fera d'après les diftinctions & les règles ci-après.

X X V I I I.

1.° DANS les pays & les lieux où ce droit eft dû à toutes les mutations, à la feule exception des fucceffions & donations en directe, & des mutations de la part du feigneur, il fera payé, pour le rachat dudit droit, fur les fonds qui y font fujets, les Cinq douzièmes dudit droit.

X X I X.

2.° DANS les pays & les lieux où ce même droit n'eft dû que pour les feules mutations en fucceffion collatérale, il fera payé, pour le rachat, les Cinq dix-huitièmes dudit droit.

X X X.

3.° DANS les pays & les lieux où le même droit eft dû à toutes mains, c'eft-à-dire, à toutes les mutations de la part du propriétaire du fonds redevable, & même pour les fucceffions & donations en directe, il fera payé, pour le rachat, les Cinq fixièmes dudit droit.

X X X I.

4.° DANS les pays & les lieux où le même droit, quoique dû pour les successions & donations directes & collatérales, n'a lieu que quand l'héritier ou donataire succède ou auroit succédé par moyen, ou quand il est mineur, il ne sera payé, pour le rachat, que les Cinq huitièmes dudit droit.

X X X I I.

5.° DANS les pays & les lieux où le droit ci-dessus désigné se paye à toutes les mutations, autres que par vente, tant de la part du vassal ou emphytéote, que de la part du ci-devant seigneur, il sera payé, pour le rachat, un droit entier.

X X X I I I.

DANS les pays & les lieux où le droit dû pour les mutations qui ne s'opèrent point par vente, ne pourroit point se placer dans l'une des cinq classes ci-dessus comprises aux articles précédens, soit parce qu'il ne seroit point dû dans tous les cas exprimés par l'un de ces articles, soit parce qu'il seroit dû dans un cas non prévu par l'article, le rachat s'en fera au taux fixé par celui desdits articles qui réunira le plus grand nombre des cas pour lesquels le droit est dû dans ces pays ou ces lieux particuliers.

X X .X I V.

DANS l'application de l'article précédent, on n'aura aucun égard au droit que certaines coutumes ou certains titres accordent pour les prétendues mutations par mariage, ou par la mort du mari, fur les biens perfonnels de la femme, lequel droit eft & demeure fupprimé, à compter du jour de la publication des préfentes.

X X X V.

DANS les pays & les lieux où les fonds ne font foumis qu'à un feul & même droit, tant pour les mutations par vente que pour les autres mutations, il fera payé pour le rachat les Cinq fixièmes du droit.

X X X V I.

DANS la coutume du grand Perche, fi celui qui devoit ci-devant porter la foi pour fes puînés ou bourfaux, veut racheter les droits cafuels dont eft tenu le fief bourfal, il fera tenu de payer au propriétaire defdits droits, conformément à l'article précédent, les Cinq fixièmes d'un droit de rachat, liquidé fur les évaluations portées par la coutume ; & au moyen dudit rachat, il pourra exiger de fes puînés ou bourfaux la contribution dont ils étoient ci-devant tenus, lorfqu'il arrivera dans fa portion du fief une mutation de la nature de celle qui donnoit lieu à cette contribution ; & fi les puînés ou bourfaux veulent fe racheter eux-mêmes, vis-à-vis de leur aîné, de cette contribution, il lui fera payé les Cinq douzièmes d'un droit de rachat, au payement defquels Cinq douzièmes chacun des puînés ou bourfaux, qui voudra fe racheter, contribuera pour fa part & portion.

Il en fera de même dans les pays & les lieux où les mêmes règles & les mêmes ufages ci-deffus rappelés, quant à la coutume du grand Perche, ont lieu.

XXXVII.

LORSQU'IL s'agira de liquider le rachat des droits casuels dûs pour les mutations par vente, l'évaluation du droit se fera sur le prix de l'acquisition, si le rachat est offert par un nouvel acquéreur; sinon sur le prix de la dernière des ventes qui aura été faite du fonds, dans le cours des dix années antérieures.

XXXVIII.

SI le rachat n'est point offert par un nouvel acquéreur, ou s'il n'existe point de vente du fonds, faite dans les dix années précédentes, dans le cas où les parties ne s'accorderoient point de gré à gré, le redevable qui voudra se racheter, pourra faire une offre extrajudiciaire d'une somme; en cas de refus de la part du propriétaire des droits d'accepter l'offre, les frais de l'estimation par Experts seront supportés par celui qui aura fait l'offre, ou par celui qui l'aura refusée, selon que l'offre sera déclarée suffisante ou insuffisante; sauf aux Administrateurs qui n'ont point la faculté de composer de gré à gré, à employer en frais d'administration ceux de l'expertise, ainsi qu'il est dit en l'article XX ci-dessus.

XXXIX.

LORSQU'IL s'agira de liquider le rachat des droits casuels qui se payent à raison du revenu, l'évaluation s'en fera sur le taux du dernier payement qui en aura été fait dans les dix années antérieures ; s'il n'en exiſte pas, le redevable pourra faire une offre d'une ſomme ; & en cas de refus, les frais de l'eſtimation par Experts ſeront ſupportés comme il eſt dit en l'article précédent.

X L.

I L ne ſera payé aucun droit, ni de vente, ni de rachat, pour les fonds domaniaux & eccléſiaſtiques, qui ſeront vendus en exécution des Décrets des 19 décembre 1789, & 17 mars dernier, par Nous ſanctionnés ou acceptés. L'exemption n'aura lieu cependant, à l'égard des biens eccléſiaſtiques, que pour ceux qui ſont mouvans de fonds domaniaux, ou qui auront payé le droit d'indemnité aux propriétaires des fiefs dont ils relèvent, ou à l'égard deſquels le droit d'indemnité ſe trouveroit preſcrit, conformément aux règles qui avoient lieu ci-devant.

X L I.

L E S ſommes qui ſeront dûes pour le rachat, ſoit des redevances annuelles, ſoit des droits caſuels, ſeront payées aux propriétaires deſdits droits, outre & indépendamment de ce qui ſe trouvera leur être dû pour raiſon de mutations ou d'arrérages échus antérieurement à l'époque du rachat.

X L I I.

S I le même propriétaire, qui aura racheté les droits ſeigneuriaux caſuels & autres, dont ſon fonds étoit chargé, vend ce même fonds ou l'aliène, dans les deux années poſtérieures au rachat, par un aĉte volontaire quelconque, ſujet au droit de mutation, le droit ſera dû nonobſtant le rachat. Seront néanmoins exceptés de la préſente diſpoſition, ceux qui ſe racheteront dans le cours de deux années, à compter du jour de la publication des préſentes.

X L I I I.

LES lignagers de celui qui aura reçu le rachat des droits ſeigneuriaux dependans de ſon fief, ne pourront point exercer le retrait deſdits droits, ſous prétexte que le rachat équipolle à une vente.

X L I V.

LES propriétaires de fiefs qui auront reçu le rachat en tout ou en partie, des droits ſeigneuriaux fixes ou caſuels, dépendans de leurs fiefs, & qui ſeront ſoumis eux-mêmes à des droits caſuels envers un autre fief, ſeront tenus de payer au propriétaire du fief le rachat qui lui ſera dû, proportionnellement aux ſommes qu'ils auront reçues, & ce rachat ſera exécuté progreſſivement dans tous les degrés de l'ancienne échelle féodale.

X L V.

LE rachat dû par les propriétaires du fief inférieur, ſera liquidé ſur la ſomme portée en la quittance qu'il aura donnée, encore que la quotité en ſoit inférieure aux taux ci-deſſus fixés, à moins qu'il n'y ait fraude & déguiſement dans l'énonciation de la quittance, & ce rachat ſera liquidé ſur ceux des taux ci-deſſus fixés, qui ſeront applicables

au

au fief dont dépendoient les droits rachetés ; en telle forte qu'il ne fera payé pour ce rachat, que la même fomme qui feroit dûe pour le rachat d'un fief de la même valeur que celle portée en la quittance.

X L V I.

TOUT propriétaire de fief qui aura reçu le rachat de droits dépendans de fon fief, fera tenu, à peine de reftitution du double, d'en donner connoiffance au propriétaire du fief dont il relève, dans le cours du mois de janvier de l'année fuivante, celle dans laquelle les rachats lui auront été faits, fans préjudice du droit du propriétaire fupérieur, d'exiger les rachats à lui dûs avant ce terme, s'il en a eu connoiffance autrement.

X L V I I.

POURRONT tous les propriétaires de fiefs, qui ont fous leur mouvance d'autres fiefs, former, s'ils le jugent à propos, au greffe des hypothèques du reffort de la fituation des chefs-lieux des fiefs mouvans d'eux, une feule oppofition générale au rembourfement de toutes fommes provenant des rachats offerts aux propriétaires des fiefs qui font fous leur mouvance ; mais ils ne pourront former aucune oppofition particulière entre les mains des redevables : & les frais de l'oppofition générale, ainfi que ceux qu'elle occafionneroit, feront à leur charge, fi la notification ordonnée par l'article XLVI leur a été faite, ou leur eft faite dans le délai prefcrit.

XLVIII.

LES créanciers des propriétaires de fiefs dont dépendent les droits féodaux ou censuels rachetables, pourront former au greffe des hypothèques du reffort de la fituation des chefs-lieux defdits fiefs, une feule oppofition générale au remboursement des fommes provenant defdits droits ; mais ils ne pourront former aucune oppofition particulière entre les mains des redevables, à peine de nullité, & de répondre en leur propre & privé nom des frais qu'elles occafionneroient.

XLIX.

DANS le pays où l'Édit de juin 1771 n'a point d'exécution, les oppofitions générales dont il eft parlé aux articles XLVII & XLVIII ci-deffus, pourront être formées au greffe du Siége royal du reffort ; il y fera tenu à cet effet un regiftre particulier par le Greffier, auquel il fera payé les mêmes droits établis par l'Édit de juin 1771.

L.

LES propriétaires de fiefs & les créanciers qui formeront les oppofitions générales défignées dans les articles XLVII, XLVIII & XLIX ci-deffus, ne feront point obligés de les renouveler tous les trois ans : lefdites oppofitions dureront trente ans, dérogeant, quant à ce feulement, à l'Édit de juin 1771.

LI.

LES créanciers qui auront négligé de former leur oppofition , ne pourront exercer aucun recours contre les redevables qui auront effectué le payement de leur rachat.

LII.

LES redevables ne pourront effectuer le payement de leur rachat, qu'après s'être affurés qu'il n'exifte aucune oppofition au greffe des hypothèques , ou au greffe du Siége royal dans les pays où il n'y a point de greffe des hypothèques. Dans le cas où il exifteroit une ou plufieurs oppofitions , ils s'en feront délivrer un extrait , qu'ils dénonceront à celui fur lequel elles feront faites , fans pouvoir faire aucune autre procédure , ni fe faire autorifer à configner que dans trois mois après la dénonciation , dont ils pourront répéter les frais , ainfi que ceux de l'extrait des oppofans.

LIII.

LES offres tendantes au rachat des droits feigneuriaux fixes ou cafuels , feront faites au chef-lieu du fief dont dépendront les droits rachetables. Pourront néanmoins les parties liquider les rachats , & en opérer le payement en tel lieu qu'elles jugeront à propos. Dans ce dernier cas , les payemens qui feront faits en conféquence d'un certificat délivré par le Greffier des hypothèques , ou par celui du Siége royal , qu'il n'exiftoit point d'oppofitions , feront valables , nonobftant les oppofitions qui feroient furvenues depuis , pourvu que la quittance ait été contrôlée dans le mois de la date dudit certificat.

LIV.

TOUTES quittances de rachat des droits feigneuriaux ,

même celles reçues par les Notaires , dont les actes sont exempts du contrôle, feront affujetties au contrôle ; il en fera tenu un regiftre particulier , fur lequel le commis enregiftrera par extrait la quittance , en énonçant le nom du propriétaire du fief qui aura reçu le rachat , celui du fief dont dépendoient les droits rachetés , le nom de celui qui aura fait le rachat , & la fomme payée. Il ne fera payé que Quinze fous pour le droit de contrôle & d'enregiftrement; les frais en feront à la charge de celui qui fera le rachat, lequel fera tenu de l'obligation de faire contrôler la quittance, fous les peines preferites par les réglemens exiftans.

L V.

DANS les pays où le contrôle n'a pas lieu, il fera établi dans chaque Siége royal un regiftre particulier pour le contrôle & enregiftrement des quittances de rachat, & il fera payé au Greffier Quinze fous pour tout droit.

L V I.

IL ne fera perçu aucun droit de Centième denier fur les rachats & rembourfemens des droits ci-devant feigneuriaux, foit fixes , foit cafuels.

L V I I.

IL fera libre aux Fermiers qui ont ci-devant pris à bail les droits cafuels d'un ou plufieurs fiefs , fans mélange d'autres biens , ou dont les baux ne comprendroient avec lefdits droits cafuels, que des droits fupprimés fans indemnité par le Décret du 1 5 mars, que Nous avons accepté, de remettre

leurs baux , fans pouvoir prétendre , à l'égard defdits droits
cafuels , d'autre indemnité que la reftitution des pots-de-
vin & fermages payés d'avance au prorata de la jouiffance.

A l'égard des fermiers qui ont pris à bail les droits cafuels
avec d'autres biens , ils percevront tous les droits cafuels
qui échoiront pendant le cours de leur bail fur les fonds qui
n'ont point été rachetés , ou fur lefquels ils feroient dûs
nonobftant le rachat ; & s'il furvient fur des fonds rachetés
des mutations qui euffent donné lieu à un droit cafuel ,
le propriétaire du fief auquel le droit auroit appartenu , en
tiendra compte au fermier , à la déduction néanmoins d'un
quart fur le montant dudit droit.

A l'égard des redevances fixes & annuelles qui feroient
rachetées pendant le cours du bail , le propriétaire defdits
droits en tiendra compte annuellement au fermier , par
diminution fur le fermage.

L V I I I.

LES droits d'échange établis au profit du Roi , par les
Édits de 1645 & 1647, & autres Réglemens fubféquens,
foit qu'ils foient perçus à notre profit, foit qu'ils foient perçus
par des conceffionnaires engagiftes ou apanagiftes , font &
demeurent fupprimés, à compter de la publication des Lettres
patentes du 3 novembre 1789 , fans néanmoins aucune reftitution des droits qui auroient été perçus depuis ladite époque.
Quant à ceux defdits droits qui étoient perçus à notre profit,
toutes pourfuites intentées ou à intenter pour raifon des mutations arrivées avant ladite époque, font & demeureront éteintes.
Les acquéreurs defdits droits préfenteront , dans le délai de

fix mois, à compter du jour de la publication des Préfentes, leurs titres au Comité de liquidation, établi par le Décret du 23 janvier de la préfente année, & il fera pourvu à leur rembourfement ainfi qu'il appartiendra.

MANDONS & ordonnons à tous les Tribunaux, Corps adminiftratifs & Municipalités, que les préfentes ils faffent tranfcrire fur leurs Regiftres, lire, publier & afficher dans leurs refforts & départemens refpeƈtifs, & exécuter comme Loi du Royaume. En foi de quoi Nous avons figné & fait contrefigner cefdites préfentes, auxquelles Nous avons fait appofer le Sceau de l'État. A Paris, le neuvième jour du mois de mai, l'an de grâce mil fept cent quatre-vingt-dix, & de notre règne le feizième. *Signé* LOUIS. *Et plus bas,* par le Roi, DE SAINT-PRIEST. Vu au Confeil, LAMBERT. Et fcellées du Sceau de l'État.

www.ingramcontent.com/pod-product-compliance
Lightning Source LLC
LaVergne TN
LVHW020644180726
843502LV00006B/2237